AF324820

ÉTABLISSEMENT

DE

TÉLÉGRAPHES PUBLICS

DE JOUR ET DE NUIT.

IMPRIMERIE D'ÉVERAT,
ruc du Cadran, n° 16.

ÉTABLISSEMENT

DE

TÉLÉGRAPHES PUBLICS

DE JOUR ET DE NUIT.

PROSPECTUS.

> Le progrès est la plus noble
> des croyances modernes.
> THIERS.

La TÉLÉGRAPHIE, dont on pourrait trouver l'origine dans les temps les plus reculés, n'en est pas moins une science toute moderne qui n'a guère qu'un demi-siècle d'existence réelle, et dont la politique a subitement arrêté l'essor en se l'appropriant exclusivement dès sa naissance. La civilisation la réclame aujourd'hui pour lui ouvrir une carrière dont on ne peut prévoir les bornes.

Les premiers télégraphes qui aient paru en France furent inventés par GUILLAUME AMONTONS.

célèbre géomètre et mécanicien du siècle de Louis XIV. Ce *jeu d'esprit*, comme l'appelait alors Fontenelle, passa inaperçu et n'eut point de suite, jusqu'à ce que Duupis, l'auteur de *l'Origine des cultes*, s'avisât de trouver quelque utilité dans cette invention, et fit construire un télégraphe sur sa maison de Belleville, pour correspondre avec un ami de Bagneux. Aux approches de la révolution, la crainte de devenir suspect engagea Dupuis à détruire sa machine, que le gouvernement adopta, peu de temps après, modifiée par M. Chappe.

Les développemens prodigieux de l'industrie depuis cette époque, la découverte de nouveaux moyens de transports accélérés, exigent une plus grande rapidité dans les communications épistolaires. Le service des postes aux lettres, parvenu à peu près à son plus haut degré possible de perfection, ne sera bientôt plus au niveau des inventions nées de la vapeur. Les routes de fer demanderont, pour complément, des lignes télégraphiques.

A l'empressement avec lequel un projet de *télégraphes publics*, *appliqués aux relations commerciales et individuelles* s'est vu accueilli sur les points principaux de la France, il est permis d'augurer qu'une pareille entreprise est destinée à satisfaire un besoin général, à suivre dans leurs progrès et à compléter nos moyens de communication. Son avenir est de rapprocher, de réunir comme dans un cercle étroit toutes les capitales d'un continent, de jeter quelquefois un pont pour la pensée, sur l'espace de mer qui sépare deux nations voisines, de rendre, ainsi qu'on l'a dit récemment à la tribune « des peuples divers habitans d'un même *forum*. »

Ses avantages pour le commerce, à qui elle est consacrée principalement, sont nombreux et incontestés ; celui qui les comprend tous est l'avantage immense de faire embrasser d'un coup d'œil l'état de toutes les places, assister à la fois à toutes les bourses, et de donner à leurs opérations plus d'alimens en même temps que de sécurité. Dans un ordre moins élevé, l'industrie sera également favorisée, en ce qu'une plus grande facilité de communications produit nécessairement une consommation plus active. Outre les affaires de commerce, il existe une foule d'événemens publics ou domestiques qui intéressent vivement les familles, comme un départ, une arrivée, une naissance, un mariage, une maladie grave, un décès et mille autre circonstances pour lesquelles les minutes sont quelquefois d'un grand prix. Enfin, l'approbation des négocians consultés sur l'utilité du projet, la sanction des honorables et nombreuses signatures recueillies sur un premier exposé, garantissent d'avance les heureux résultats d'un télégraphe commercial et public.

Cependant, pour être propre à cette nouvelle destination, le télégraphe avait besoin de plusieurs améliorations, dont les principales ont résisté jusqu'ici à tous les essais.

La portion de temps considérable qu'occupent les ténèbres dans la révolution annuelle ; la facilité d'apercevoir des points lumineux à des distances doubles et triples de celles où peuvent atteindre, le jour, nos instrumens d'optique les plus perfectionnés ; l'inconvénient grave d'être obligé de suspendre, à l'approche de la nuit, des dépêches souvent fort importantes (1) ; les accidens atmosphériques dont le jour est rempli beaucoup plus que la nuit (2), et qui font que le gouvernement, au lieu d'avoir le télégraphe à ses ordres, se trouve en quelque sorte aux ordres du télégraphe ; ces motifs ont dû faire souvent rechercher les moyens d'une correspondance nocturne. Il était même plus naturel de songer d'abord à celle-là : aussi voyons-nous les peuples les plus anciens placer des feux de correspondance sur des hauteurs, dans un temps où aucun instrument ne venait aider la vue de l'homme. Comment donc se fait-il que les télégraphes actuels se bornent, au contraire, à l'espace diurne si défavorable à la transmission, et

---

(1) A la suite de plusieurs dépêches affichées dans Paris, lors de la révolution de juillet, on lisait : *La nuit est venue interrompre cette phrase.*

Les événemens de Lyon viennent d'en donner de nouveaux exemples.

(2) Les brouillards de nuit ont besoin d'une grande densité pour neutraliser l'effet des lumières ; ils sont d'ailleurs beaucoup moins fréquens que ceux de jour, et il n'est pas rare de voir une suite de journées brumeuses coupées par autant de nuits sereines.

que tous les efforts aient été vains jusqu'ici pour dépasser cette limite?

C'est qu'il y a loin d'un petit nombre de signaux convenus, comme pouvaient être ceux que l'on employait anciennement, ou comme ceux dont se sert aujourd'hui la marine, à un système complet qui, avec quelques signes, embrasse toute une langue comme la nôtre, langue qui ne doit sa clarté par excellence qu'à son défaut d'aptitude pour l'inversion et à l'infinité de ses désinences et de ses particules ; c'est que la faculté de combiner des *lignes*, dont la position est encore déterminée le jour par les objets environnans, est bien plus étendue que celle de combiner des *points*, dont seulement on peut faire usage la nuit, et qui se confondent alors avec une grande facilité, parce qu'ils n'ont jamais entre eux que des positions relatives.

Il fallait donc, avant tout, donner au télégraphe l'auxiliaire d'un système de nuit, ou, mieux encore, créer un nouveau système à la fois diurne et nocturne qui représentât, la nuit, à l'aide de lumières quelconques, les signes mêmes dessinés le jour à l'horizon.

Il fallait encore amener le *système* proprement dit à un tel degré de simplicité, enrichir tellement la langue télégraphique et rendre son expression si rapide, que la quantité de dépêches expédiées dans un jour pût excéder tous les besoins probables. Enfin on devait faire en sorte que ce moyen de communication ne fût pas ruineux pour ceux qui l'emploieraient souvent , et que son usage pût , au contraire , descendre dans les classes les moins aisées de la société.

Le nouvel appareil peut être comparé à un télégraphe actuel *dont la branche principale serait fixée horizontalement , et les deux bras accessoires seuls mobiles à ses extrémités.*

La nuit , il représente deux lumières ou étoiles fixes autour desquelles deux autres se meuvent comme des satellites.

Une expérience publique de ces télégraphes a été faite, avec un plein succès, en présence de commissaires du gouvernement , chez M. le marquis de Fortia d'Urban, membre de l'Institut. Ils transmettront les dépêches publiques avec une vitesse de neuf à douze lieues par minute , et expédieront dans une heure au moins dix dépêches composées de douze à quinze mots, nombre suffisant pour des avis d'urgence. Des lignes de retour permettront d'avoir en quelques minutes, d'une ville à l'autre , la réponse à une demande reçue.

La seule objection qu'on oppose à tant d'avantages se fonde sur la crainte de mettre entre les mains des particuliers une arme dangereuse dont quelques malveillans pourraient abuser. Il suffit, pour répondre à cette objection, de faire observer que tout usage coupable d'une correspondance aussi prompte peut être combattu sur-le-champ avec les mêmes armes ; que les intérêts et la sûreté de chacun exigent , au contraire , un mode de communication uniforme pour tous, que rien ne

puisse devancer, au lieu d'un service que des nou-
velles importantes et des spéculations hardies
mettent trop facilement en défaut.

On a pu penser aussi que ce moyen n'étant pas
appliqué simultanément pour tous les individus,
mais successivement pour l'un après l'autre , il en
résulterait un encombrement dans le nombre des
dépêches, et que chacun serait obligé d'attendre
son tour; ou bien que, la réaction d'une bourse
sur une autre dépendant seulement de la première
nouvelle, quelqu'un devrait être favorisé pour la
transmettre le premier, ce qui pourrait en-
traîner les conséquences les plus funestes, et
compromettre chaque jour les fortunes particu-
lières.

La célérité du nouveau système est si grande qu'il
met moins de temps pour faire parvenir une dépêche à cent lieues qu'il n'en faut pour la porter de
chez soi à l'administration; le laconisme étant le style
indispensable de ce genre de correspondance, on
peut satisfaire dix personnes presque à la fois, et
d'ailleurs rien n'est plus facile, si ces télégraphes
acquièrent une vogue assez grande, que d'en établir
plusieurs lignes sur la même ville, les frais n'é-
tant guère causés que par la première.

Pour lever toute crainte d'une préférence ac-
cordée à quelqu'un, dans l'envoi d'une première
dépêche, l'administration s'engage à faire con-
naître publiquement, et d'une manière officielle ,
les résultats de chaque bourse, quelques minutes
après sa clôture.

Les bénéfices qu'il est permis d'espérer de la nouvelle entreprise seraient énormes si la transmission télégraphique devait se faire sans interruption pendant les vingt-quatre heures que comprennent le jour et la nuit. Cependant il suffira de dire ici, pour en donner une idée, qu'en établissant les calculs sur la faible proportion de *trois heures* de travail sur *vingt-quatre*, le produit des recettes annuelles s'élève encore une fois au-delà du total des dépenses (1).

Selon toute apparence, le prix d'une dépêche de Paris au Havre ne sera guère plus élevé pour les souscripteurs que celui d'une *annonce* de même longueur dans nos journaux quotidiens.

Tels sont les résultats que nous nous sommes proposés dans la création d'une entreprise de télégraphes commerciaux et publics de jour et de nuit, entre les principales villes de France ; dans le perfectionnement d'une science arrachée au monopole, jusqu'ici secrète et cachée, où l'on n'avait pas même, comme dans toutes les autres, l'avantage de la tradition et de l'expérience acquise. Nous serons loin de regretter les soins

---

(1) Ces calculs n'étant pas de nature à pouvoir se détailler dans un prospectus, il en sera donné connaissance aux personnes qui s'adresseront directement au siége de l'administration.

qu'elle nous a coûtés, s'il nous est bientôt permis de voir la société recueillir les fruits d'un travail que la publicité doit rendre plus fertile encore, dont nous ne faisons qu'indiquer la marche, et pour lequel nous ne nous attribuons d'autre mérite que celui de l'avoir entrepris.

ALEXANDRE FERRIER.

L'acte de société passé en l'étude de Me Moisson, notaire à Paris, en date du 24 janvier 1832, crée *vingt-cinq mille actions* de *cent francs chacune*, payables par *quarts*, dont le premier seulement est exigible au moment de la souscription.

Les fonds provenant du premier versement seront employés à la construction d'une ligne télégraphique entre Paris, Rouen et le Havre.

Chaque action a droit à un intérêt annuel de *cinq pour cent*, plus, au *vingt-cinq millième* des bénéfices. Chaque souscripteur est en outre représenté par un numéro d'ordre nécessaire à la correspondance télégraphique, pour éviter les frais de désignation des noms propres et des adresses.

Le Conseil judiciaire de la Société se compose de MM. :

ODILON-BARROT, Conseiller d'État, membre de la Chambre des Députés.

Crémieux, avocat aux Conseils du roi et à la Cour de Cassation.

Moisson, notaire à Paris.

Smith, avoué près le tribunal de première instance de la Seine.

Les Banquiers de la Compagnie sont MM. André Cottier et Compagnie.

La souscription est ouverte à Paris, au siége de l'administration, place de la Bourse ;

Et chez Me Moisson, notaire, rue Sainte-Anne, nº 57.

Entreprise Générale

DES

TÉLÉGRAPHES PUBLICS

DE JOUR ET DE NUIT.

—◆—

SOCIÉTÉ EN COMMANDITE.

ALEXANDRE FERRIER ET COMPAGNIE.

——

ACTE DE SOCIÉTÉ.

Par-devant Mᵉ Eugène MOISSON, notaire à Paris, et son collègue, soussignés,

fut présent

M. Joseph Alexandre FERRIER, demeurant à Paris, rue Hauteville, n° 9.

Lequel a dit :

Qu'ayant reconnu l'utilité d'appliquer aux relations commerciales et individuelles les communications télégraphiques, dont aucunes lois, décrets ni ordonnances, n'attribuent le privilége exclusif au gouvernement, il a conçu le projet de livrer au domaine public un nouveau télégraphe de jour et de nuit dont il est l'inventeur, et d'en établir des lignes entre les principales villes de France, au moyen d'une société en commandite et par actions.

En conséquence il a requis les notaires soussignés de dresser les statuts de la Société, de la manière suivante.

TITRE PREMIER.

FONDATION DE LA SOCIÉTÉ.

ARTICLE PREMIER.

Il y aura société entre M. ALEXANDRE FERRIER et les personnes qui adhéreront au présent acte en souscrivant des actions.

Cette Société sera en nom collectif à l'égard de M. FERRIER, et en commandite à l'égard des autres intéressés actionnaires.

ART. 2.

Elle a pour objet l'exploitation de lignes télégraphiques entre les principales villes de France, d'après le système dont M. FERRIER est l'inventeur, et prendra le nom d'*entreprise générale des télégraphes publics de jour et de nuit.*

ART 3.

La raison sociale est : ALEXANDRE FERRIER *et compagnie.*

ART 4.

Le domicile social est établi à Paris, place de la Bourse, n° 29.

ART 5.

La durée de la Société est de vingt années, à compter du jour où elle sera définitivement constituée, conformément à l'article 15 ci-après.

TITRE II.

FONDS SOCIAL.

ART. 6.

Le fonds de la Société est fixé à *deux millions cinq cent mille francs* de capital, divisés en *vingt-cinq mille actions de cent francs* chacune.

ART. 7.

Ces actions sont nominatives ou au porteur, au choix des souscripteurs.

Le transfert des actions nominatives s'opère par voie d'endossement, et par une déclaration qui est portée sur un registre à ce destiné.

La propriété des actions au porteur se transmet par la simple tradition des titres.

ART. 8.

Les actions forment *vingt-cinq séries* et sont

pour chacune numerotées de *un* à *mille*. Elles sont extraites de registres à souches, frappées d'un timbre particulier à la Société, et portent la signature du gérant et celle du caissier général.

Les actions nominatives portent de plus la signature des commanditaires.

ART. 9.

Chaque action a droit :

1° Aux intérêts du capital, à raison de *cinq pour cent* par an.

2° A un dividende proportionnel dans la répartition des bénéfices.

3° Au remboursement du capital par voie de tirage au sort.

4° A une part proportionnelle dans le produit de la liquidation de la Société.

ART. 10.

Le montant de ces actions se verse par *quarts*, dont le premier seulement est exigible au moment de la souscription.

Les fonds provenant de ce premier quart seront déposés chez le banquier de la Société et employés aux premiers frais d'établissement, ainsi qu'à la construction d'une ligne entre Paris, Rouen et le Havre.

Les autres quarts seront versés successivement par décisions prises dans l'assemblée générale des actionnaires.

ART. 11.

Les souscriptions sont reçues, à Paris chez le notaire de la Société, et aux lieux indiqués dans le prospectus.

ART. 12.

Les époques déterminées pour les versemens des actions sont de rigueur; quinze jours après l'échéance les retardataires seront déchus de leurs droits, et le montant des paiemens déjà faits sera acquis à la Société, sans qu'il soit besoin d'intenter contre eux aucune action ou formalité judiciaires.

ART. 13.

Les intérêts commenceront à courir au profit de l'actionnaire dès le jour où la somme de *cent francs* au moins aura été versée par lui, soit comme action complète, soit comme fragmens de plusieurs actions.

Au-dessous de cette somme l'intérêt sera négligé.

L'intérêt des actions, sur le pied de cinq pour cent par an, sera payé par semestre, les 2 janvier et juillet de chaque année, et toujours employé au passif de la Société.

Le surplus des bénéfices, déduction faite des frais de toute nature à la charge de la Société, sera réparti proportionnellement entre toutes les actions dans la première quinzaine de janvier.

ART. 14.

Chaque souscripteur d'action est représenté par un numéro d'ordre nécessaire à la correspondance télégraphique.

ART. 15.

La Société sera constituée définitivement aussitôt qu'il aura été souscrit *cinq mille actions*.

TITRE III.

ADMINISTRATION.

ART. 16.

M. ALEXANDRE FERRIER est seul gérant de la Société et comme tel responsable. Il a seul en conséquence la signature sociale, dont il ne peut faire usage que dans l'intérêt de la Société. Il ne peut souscrire aucuns effets de commerce, emprunts ni obligations.

ART. 17.

Le gérant a la faculté de se faire représenter en cas d'absence par un fondé de pouvoir dont il est responsable.

ART. 18.

Le choix et la nomination des employés appartiennent au gérant.

Les traitemens et cautionnemens seront réglés

sur sa proposition dans la première assemblée générale des actionnaires.

Les traitemens suivront une échelle progressive en raison des progrès de l'entreprise.

ART. 19.

Il est attribué à M. ALEXANDRE FERRIER, pour prix de son invention, des dépenses qu'il a faites pour la mettre au jour, comme aussi du temps et de l'industrie qu'il s'engage à consacrer à son exploitation, *dix pour cent* sur le capital social ou *deux mille cinq cents actions.*

Desdites actions, *douze cent cinquante* seront au porteur ou nominatives au choix de M. FERRIER.

A l'égard des autres *douze cent cinquante*, elles seront nominatives et ne pourront être transférées. Elles resteront pour garantie de la gestion de M. FERRIER déposés chez le notaire de la Société, qui ne pourra les remettre au gérant ou à ses ayant-droit qu'après la dissolution de la Société et sa liquidation définitive.

ART. 20.

Le gérant recevra en outre un traitement fixe dont le montant sera déterminé dans la première assemblée générale.

ART. 21.

En cas de décès du gérant, la Société n'en continuera pas moins avec ses héritiers, à la charge par ceux-ci de présenter une personne qui devra être agréée par la compagnie ; en aucun cas les intéressés ne pourront faire apposer les scellés ni procéder à un inventaire judiciaire.

ART. 22.

Pour le cas où M. FERRIER viendrait à cesser ses fonctions de gérant, il sera convoqué une assemblée générale dans laquelle il sera nommé un, ou des gérans à la gestion des intérêts de la Société ; sauf audit cas à remplir les formalités légales ; mais la Société n'en sera pas dissoute.

TITRE IV.

CONSEIL DE SURVEILLANCE.

ART. 23.

Il sera formé un conseil de surveillance composé de sept membres actionnaires.

Les fonctions de ces membres seront gratuites ; ils auront la surveillance de toute l'entreprise et seront chargés :

1° D'exercer vis-à-vis du gérant tous les droits qui appartiennent aux commanditaires, notamment de vérifier les inventaires et comptes annuels qui devront leur être remis par le gérant, quinze jours au moins avant l'époque fixée pour l'assemblée générale.

2° De présenter un rapport sur ces comptes,

de les arrêter ou d'en poursuivre le redressement.

3º De faire exécuter les mesures prises dans les assemblées générales.

4º De convoquer des assemblées générales toutes les fois qu'ils le croiront nécessaire aux intérêts de la Société.

ART. 24.

Les membres du conseil de surveillance seront choisis parmi les propriétaires de *cent actions* au moins. Ils seront renouvelés tous les ans et pourront être indéfiniment réélus.

TITRE V.

ASSEMBLÉES GÉNÉRALES.

ART. 25.

Chaque année, le quinze octobre, et, si c'est un jour férié, le lendemain, les actionnaires se réuniront, de plein droit et sans convocation, en assemblée générale au siége de la Société.

Les attributions de l'assemblée générale sont :

1º D'entendre les comptes que le gérant devra lui rendre des travaux et de la situation des affaires de la Société, du mouvement et de l'emploi des fonds.

2º De procéder à la nomination des membres du conseil de surveillance.

3º De prononcer sur les cas de toute nature qui

lui seront soumis par le conseil ou par le gérant.

ART. 26.

Pour avoir entrée et voix délibérative aux assemblées générales, il faut être propriétaire ou porteur de *dix actions* au moins.

Les délibérations se prennent à la majorité des suffrages ; elles obligent tous les commanditaires absens.

Nul ne peut avoir plus d'un suffrage, quel que soit le nombre des actions qu'il possède ou représente.

Les titres seront déposés d'avance à l'administration ou chez un notaire ; il en sera donné récépissé.

ART. 27.

Le gérant est de droit de toutes les assemblées ; il peut en convoquer d'extraordinaires s'il le juge convenable.

Pour les assemblées extraordinaires convoquées par le gérant ou par le conseil de surveillance, les convocations seront faites par insertions dans plusieurs journaux, à Paris, au moins quinze jours d'avance.

ART. 28.

Pour être apte à délibérer, l'assemblée doit représenter au moins la moitié plus une des actions émises. Dans le cas où elle ne réunirait pas un nombre de membres suffisant, une seconde assemblée aura lieu le surlendemain sans convocation nouvelle, laquelle pourra délibérer, quel que soit le nombre d'actions qu'elle représente.

TITRE VI.

FONDS DE RÉSERVE.

ART. 29.

Lorsque la somme totale des bénéfices nets, y compris les intérêts du fonds social, dépasseront *dix pour cent* du capital employé dans l'entreprise, les bénéfices excédans seront employés à former un fonds de réserve, jusqu'à concurrence de la somme de *deux cent mille francs.*

Lorsqu'une partie de la réserve aura été employée, elle sera recomplétée de la même manière et atteindra la même limite.

ART. 30.

RACHAT DES ACTIONS.

Lorsque la réserve aura dépassé deux cent mille francs, le surplus sera employé au rachat des actions par voie de tirage au sort.

Les actions rachetées n'auront plus droit qu'au

dividende des bénéfices au-delà de l'intérêt à cinq pour cent.

TITRE VII.

MODIFICATION DES STATUTS.

ART. 31.

Les actionnaires réunis en assemblée générale auront le droit d'apporter aux statuts de la Société les modifications reconnues utiles aux intérêts de l'entreprise.

Les délibérations qui prononceront ces changemens ne pourront être prises qu'avec le consentement du gérant ou sur sa provocation.

TITRE VIII.

DISSOLUTION ET LIQUIDATION.

ART. 32.

En cas de perte de la moitié du capital, la dissolution de la Société pourra être demandée.

Elle sera prononcée sur le rapport du conseil de surveillance, dans une assemblée générale.

Dans cette assemblée tout propriétaire de dix actions aura une voix,

De cent actions deux voix,

De cinq cents actions trois voix,

Et jamais un plus grand nombre.

ART. 33.

Pour l'adoption de la dissolution, audit cas de perte de la moitié du capital, il faudra la majorité des suffrages dans une assemblée qui réunisse les deux tiers des actions émises.

ART. 34.

Dans tous les cas de dissolution, l'assemblée générale règlera le mode de liquidation.

TITRE IX.

ARBITRAGE.

ART. 35.

Toutes les difficultés et contestations qui pourraient survenir à l'occasion du présent acte entre les divers intéressés actionnaires et le gérant seront, à l'exclusion de toute formalité et recours judiciaires, soumises à la décision de trois arbitres dont un à la nomination de chaque partie, et le troisième à celle des deux autres arbitres.

En cas de refus d'une partie de choisir son arbitre, ou de dissentiment sur le choix du troisième, il y sera pourvu d'office par le président du tribunal du commerce de la Seine, sur simple requête.

Les décisions de ce tribunal, qui prononcera à la majorité des voix et comme amiable compositeur, seront souveraines, sans appel ni pourvoi en cassation, par quelque voie que ce puisse être.

ART. 36.

Pour faire publier les présentes conformément à la loi, tous pouvoirs sont donnés au porteur d'un extrait.

DONT ACTE.

Fait et passé à Paris, en l'étude de Mᵉ Eugène Moisson, notaire, rue Sainte-Anne, nᵒ 57, l'an mil huit cent trente-deux, le vingt-quatre janvier.

Et a ledit sieur A. Ferrier signé avec les notaires après lecture.

Enregistré à Paris, 3ᵉ Bᵃᵘ, le ving-cinq janvier 1832, Fᵒ 180, Vᵒ, Cᵉ 4.

Reçu cinq fr. cinquante c.
Signé Favre.

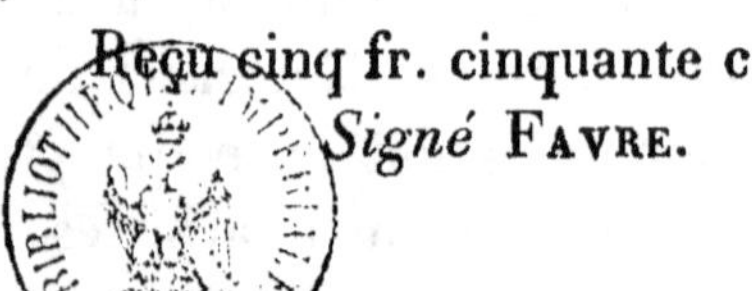

EVERAT, Imprimeur, rue du Cadran, n. 16.